A espada de
Cenoura
LARANJA

Copyright © 2024 por Rose Kunze.

Todos os direitos reservados.
Nenhuma parte deste livro pode ser utilizada ou reproduzida sob quaisquer meios existentes
sem autorização por escrito dos editores.

Preparo de originais: Gabrielle Antunes
Supervisão de texto: Jéssica H. Furtado
Revisão: Alessandra Moreira
Diagramação: Danielle V Cardoso
Capa: Danielle V Cardoso
Ilustração: Alexandre Mercês

A editora não se responsabiliza pelo conteúdo da obra, formulada exclusivamente pelo(s) autor(es). A editora não se responsabiliza pela manutenção, atualização e idioma dos sites referidos pelos autores nesta obra. Publique seu livro com a Ases da Literatura. Para mais informações envie um e-mail para originais@asesdaliteratura.com.br Suporte técnico: A obra é comercializada da forma em que está, sem direito a suporte técnico ou orientação pessoal/exclusiva ao leitor.

Catalogação na publicação.
Elaborada por Bibliotecária Janaina Ramos – CRB-8/9166

K96e
    Kunze, Rose
    A espada de cenoura laranja / Rose Kunze. – Rio de Janeiro: Ases da Literatura, 2024.
       28 p., il.; 17 X 24 cm
       ISBN 978-65-5228-023-7
    1. Literatura infantojuvenil. I. Kunze, Rose. II. Título.

CDD 028.5

Índice para catálogo sistemático
I.   Literatura infantojuvenil

Todos os direitos reservados, no Brasil, países da Europa e Estados Unidos, por
Editora Ases da Literatura

Para comprar os livros com maior desconto possível, visite nosso site e acesse o catálogo –
www.asesdaliteratura.com
Instagram - @editoraasesdaliteratura e @editoraasinha

A espada de Cenoura LARANJA

Rose Kunze

Ilustração:
Alexandre Mercês

asinha

4

Obra dedicada aos papais, mamães, tios, avós e para todo o grupo de apoio que vě na criança a esperança de um futuro melhor! Em especial, aos meus pais, irmãos e sobrinhos, que são fonte de alegria e inspiração diariamente, inclusive o Felipinho!

DENTRO DA MENTE DE FELIPE

Felipe é uma criança de 5 anos de idade que vê o mundo de uma forma mágica, como todo ser humano deveria ver.

Da mente inventiva de Felipe, surgem as mais diversas dúvidas.

Na última semana, as perguntas do Felipe para o papai e para a mamãe foram:

— Posso colocar asas na minha bicicleta quando for retirar as rodinhas?

— O cachorro tem irmãos?

— Uma árvore pode voar?

— Quem é que apaga a luz da Lua pela manhã?

Por aí seguimos os dias de perguntas inusitadas e respostas elaboradas, mesmo sem tanto preparo para tanta criatividade repentina.

E você? Também tem algumas dúvidas?

Quais são as perguntas que você gostaria de fazer?

Dizer as suas dúvidas para o papai, a mamãe, os avós, os titios e os professores na escola poderá ajudá-lo a encontrar boas respostas!

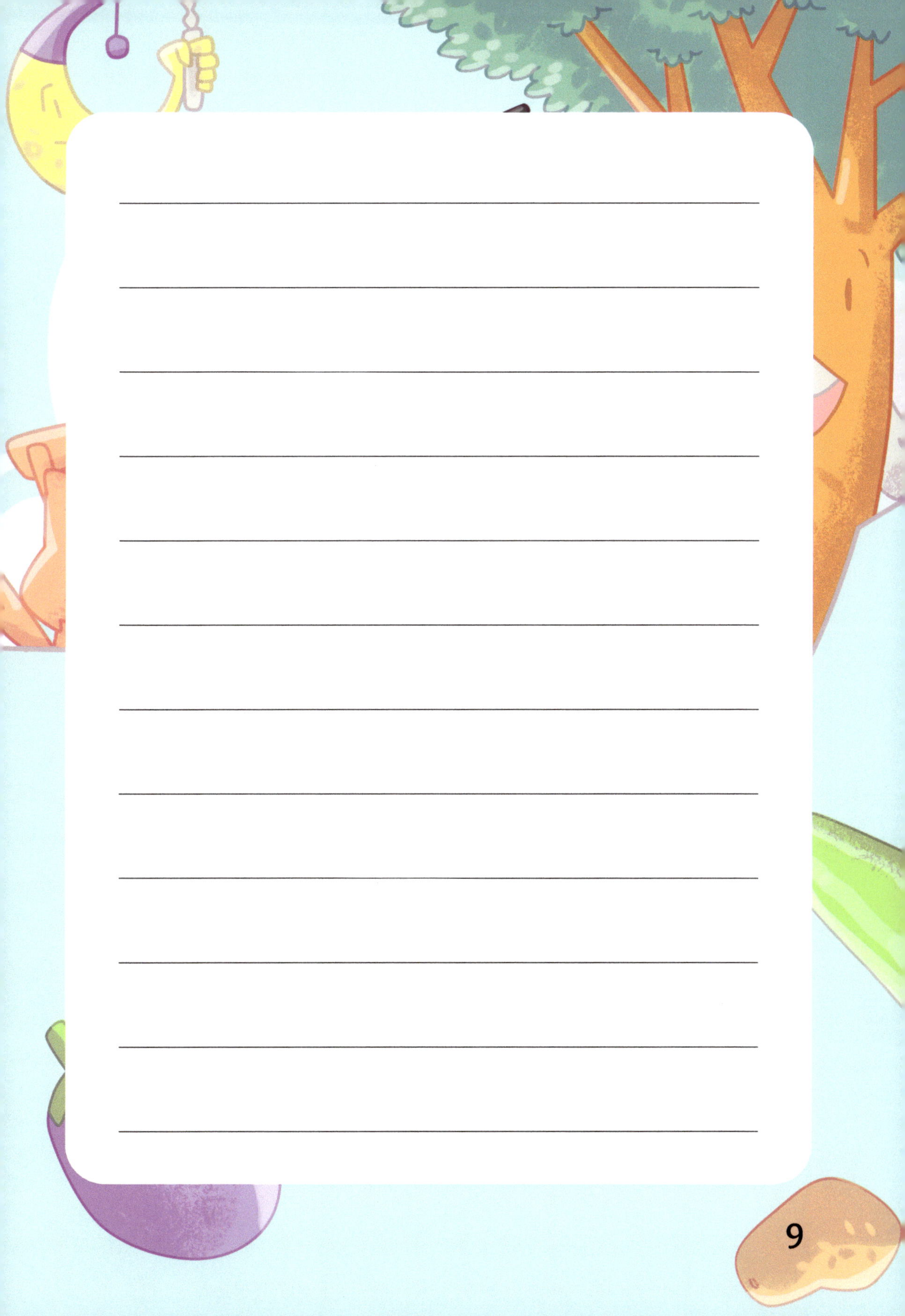

FELIPE E A CENOURA

Certo dia, os pais de Felipe precisavam trabalhar fora de casa. Então, pediram que a titia do Felipe cuidasse dele com muito amor, atenção e carinho.

A titia Rose não tem filhos e ama cuidar dos seus sobrinhos.

Naquele dia, o Felipe foi convidado para ajudar a titia Rose com uma tarefa simples: ajudar a descascar algumas cenouras para o preparo de uma deliciosa salada!

O Felipe gosta muito de legumes e vegetais!

Ele já aprendeu que batata, abobrinha, cenoura, alface, brócolis e tantos outros alimentos coloridos são muito importantes para a saúde!

11

Você sabia disso? Quais são
os legumes e vegetais de que
você mais gosta?

Você poderia usar uma folha de papel e desenhar os legumes e vegetais de que você mais gosta?

É um convite do Felipe para você desenhar e pintar! Ele também ama fazer isso!

A titia Rose e o Felipe estão animados por viverem esse momento juntos!

Eles iniciaram o preparo da deliciosa salada.

Mãos na massa! Ou melhor, mãos nas cenouras!

Utilizando um descascador próprio para crianças e com o ensinamento da titia Rose, com muito cuidado, o Felipe deu início à tarefa.

E ele próprio repetia em voz alta a lição recém-aprendida e colocada em prática, ao lado da sua titia adulta.

Assim foi ele:

— Com uma mão, segure firme a ponta da cenoura.

— Com a outra mão, passe o descascador de levinho, até sair essa "pele" da cenoura. Cuidado com a mão!

— Então, agora, é só mudar o lado da cenoura e recomeçar outra vez. Descasca, descasca, descasca!

Concentração, respiração calma, movimentos leves e, então, a tarefa é concluída. O pequeno Felipe fica feliz e diz com muita euforia em sua voz:

— Olhe, titia Rose, agora a gente tem uma cenoura "pelada". E, mesmo sem roupa, a cenoura continua laranja! Isso é uma cenoura ou é uma laranja?

Pronto! Estamos todos juntos diante de mais uma interessante pergunta do Felipe!

O que você me diz? É uma cenoura ou é uma laranja?

Já que a fruta laranja é da cor laranja.

E a cenoura também é laranja?

Vamos pensar um pouco sobre isso antes de seguir para a próxima página?

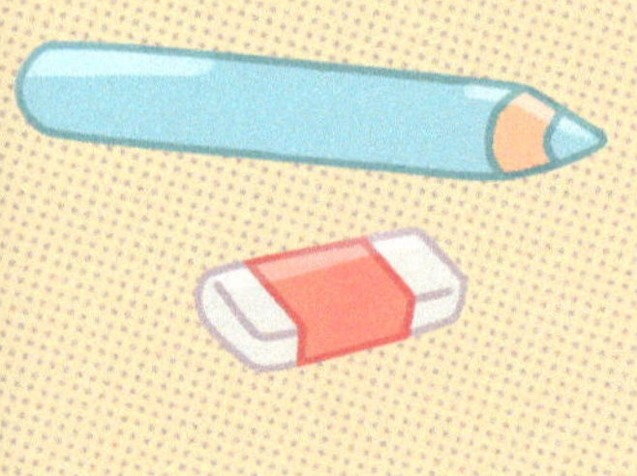

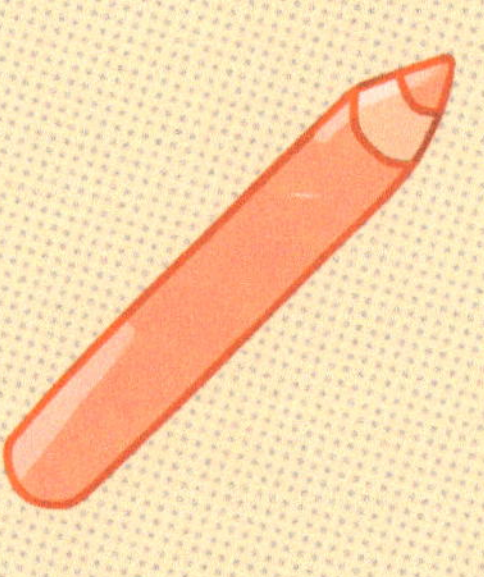

cenoura
laranja
19

FELIPE E SUA ESPADA DE CENOURA

Sobre a pergunta do Felipe, a titia Rose sorriu, admirou o bom trabalho do Felipe, ficou feliz por seu bom desempenho na tarefa e respondeu:

— É uma cenoura descascada, meu sobrinho.

Mas não era o suficiente para ele.

O Felipe prosseguiu na construção de suas ideias sobre aquele legume tão lindo em suas mãos:

— E por que a cenoura não pode ser chamada de laranja se, mesmo "sem roupa", ela continua laranja?

Sem ter respostas prontas, diante da surpresa com o raciocínio que trazia consigo certa lógica, a resposta da titia Rose ao Felipe foi a seguinte:

— Meu amor, essa é a sua cenoura descascada, se você quiser chamá-la de cenoura laranja, está tudo bem para nós.

Mas alguém criou nomes para cada tipo de coisa, com formatos, sabores e, às vezes, até cores diferentes. Aqui temos uma cenoura, que, embora seja cenoura, é da cor laranja, mesmo sem casca. É mesmo uma cenoura laranja como você disse. A ideia de chamar cada coisa por um nome serve para facilitar quando a gente for comer, plantar, comprar no mercado. É para as pessoas poderem entender o que estamos falando.

Felipe ficou pensativo, sentado à mesa, com a cenoura na mão, respirava enquanto olhava a cenoura descascada.

Estava organizando no cérebro, lá dentro da sua cabeça, as novas informações que tinha recebido.

Alguns poucos minutos depois, disparou com a euforia própria de criança enquanto mirava a cenoura, segurando-a com as duas mãos:

— Já sei! Agora eu vou te chamar de "Minha Espada de Cenoura Laranja". — Desceu da cadeira, colocou a cenoura em punho e saiu simulando golpes de espada no ar, com seus amigos imaginários.

No final, o ensinamento é sempre mútuo.

E, como diz a canção, devemos sempre ficar com a pureza das respostas das crianças!

Rose Kunze é brasileira, nascida na cidade de São Paulo, filha de pais nordestinos, nascidos na Bahia. É advogada, Mestre em Direito no Brasil, apoiou organizações dedicadas à educação de crianças e jovens. Desde criança, sempre leu muitos livros sobre diferentes assuntos. Possui muito amor e dedica atenção às crianças, aos animais e às plantas. Está sempre atenta aos cantos dos pássaros e às novas flores que surgem nas árvores pelo caminho. Ama sentir o sol quentinho no rosto pela manhã. Em suas viagens pelo mundo, sempre observa o comportamento e a educação infantil. Foi assim que despertou o prazer pela escrita.

PUBLIQUE SEU LIVRO:

Não deixe de conhecer os outros livros do selo Asinha em:
www.asesdaliteratura.com

www.ingramcontent.com/pod-product-compliance
Lightning Source LLC
LaVergne TN
LVHW071704180726
843512LV00002B/540